BEI GRIN MACHT SICH IHR WISSEN BEZAHLT

- Wir veröffentlichen Ihre Hausarbeit, Bachelor- und Masterarbeit

- Ihr eigenes eBook und Buch - weltweit in allen wichtigen Shops

- Verdienen Sie an jedem Verkauf

Jetzt bei www.GRIN.com hochladen und kostenlos publizieren

Christine Pohl

Status der Kindheit

GRIN Verlag

Bibliografische Information der Deutschen Nationalbibliothek:

Die Deutsche Bibliothek verzeichnet diese Publikation in der Deutschen National-
bibliografie; detaillierte bibliografische Daten sind im Internet über http://dnb.d-
nb.de/ abrufbar.

Dieses Werk sowie alle darin enthaltenen einzelnen Beiträge und Abbildungen
sind urheberrechtlich geschützt. Jede Verwertung, die nicht ausdrücklich vom
Urheberrechtsschutz zugelassen ist, bedarf der vorherigen Zustimmung des Verla-
ges. Das gilt insbesondere für Vervielfältigungen, Bearbeitungen, Übersetzungen,
Mikroverfilmungen, Auswertungen durch Datenbanken und für die Einspeicherung
und Verarbeitung in elektronische Systeme. Alle Rechte, auch die des auszugsweisen
Nachdrucks, der fotomechanischen Wiedergabe (einschließlich Mikrokopie) sowie
der Auswertung durch Datenbanken oder ähnliche Einrichtungen, vorbehalten.

Impressum:

Copyright © 2012 GRIN Verlag GmbH
Druck und Bindung: Books on Demand GmbH, Norderstedt Germany
ISBN: 978-3-656-32093-7

Dieses Buch bei GRIN:

http://www.grin.com/de/e-book/204644/status-der-kindheit

GRIN - Your knowledge has value

Der GRIN Verlag publiziert seit 1998 wissenschaftliche Arbeiten von Studenten, Hochschullehrern und anderen Akademikern als eBook und gedrucktes Buch. Die Verlagswebsite www.grin.com ist die ideale Plattform zur Veröffentlichung von Hausarbeiten, Abschlussarbeiten, wissenschaftlichen Aufsätzen, Dissertationen und Fachbüchern.

Besuchen Sie uns im Internet:

http://www.grin.com/

http://www.facebook.com/grincom

http://www.twitter.com/grin_com

Status der Kindheit

Fachhochschule Magdeburg Stendal
2. Semester, Sommersemester 2012
StG Angewandte Kindheitswissenschaften
Seminar: Soziologie der Kindheit

Verfasserin: Christine Pohl

Inhaltsverzeichnis

1. Einleitung & Definition

„Wieso dürfen das nur Erwachsene?!" – Diese Frage wird so oft aus dem Munde eines Kindes gehört wenn es darum geht, einem Kind etwas zu erlauben oder zu untersagen. In vielen Dingen scheint es selbstverständlich, Kindern etwas zu verbieten oder sie aus manchen Dingen auszuschließen. Bei anderen wiederum muss sich selbst ein Erwachsener fragen, wieso die Gesellschaft allgemein davon überzeugt ist, einem Kind manches (noch) nicht zuzutrauen. Kinder trauen sich selbst im Gegensatz zu ihren Eltern oder Aufsichtspersonen häufig vielmehr zu, glauben vielmehr an sich selbst. Sie wollen bestehen, sie wollen, dass ihnen zugetraut wird etwas zu schaffen und sie brauchen auch die Bestätigung und den Respekt anderer. Denn darin können sie ihre eigene Rolle, ihren eigenen Status finden. Im Folgenden wird es um den Status der Kinder bzw. der Kindheit im Allgemeinen, d. h. in der Gesellschaft gehen. Unter dem Begriff „Sozialer Status" versteht man die Position bzw. Stellung einer Person in einer sozialen Struktur (bspw. einer Gruppe), zu der diese Person auf Grund von Rolle, Erfahrung, Macht, Alter, Fähigkeiten oder Kenntnissen gelangt ist. Ebenso geht es um die Zuordnung einer solchen Position zu einem System sozialer Rangordnung.[1] Aus mehreren auf einander bezogenen Statuspositionen entsteht ein soziales Netzwerk. Jeder Statusinhaber sieht dieses Netzwerk aus einer anderen Position, die durch die obengenannten Eigenschaften bedingt ist, und würde es demnach auch anders beschreiben.

Unter der Fragestellung ob Kinder als moralisch Handelnde wahrgenommen werden können, soll es in der folgenden Arbeit um den Status der Kinder bzw. der Kindheit in unserer Gesellschaft gehen und wie sie dazu gekommen sind. Die Frage ob sie moralisch Handelnde sind stellt sich deshalb, weil ein sozialer Status stark beeinflusst wird durch die Einschätzung anderer über das moralische Urteilsvermögen eines Menschen. Jemand der fähig ist, mitzudenken, zu argumentieren und daraus schließend moralisch zu urteilen, wird gleich viel höher eingeschätzt und ihm wird

---

[1] Vgl.: http://www.wirtschaftslexikon24.net/d/sozialer-status/sozialer-status.htm
http://de.wikipedia.org/wiki/Sozialer_Status
(letzter Zugriff: 11.09.12; 11:19Uhr)

mehr zugetraut. Ebenso verhält es sich bei Kindern und Jugendlichen. Es werden Beispiele dafür genannt wo man Potenzial für einen möglichen höheren Status findet und welche Position Kinder eigentlich gerne hätten.

2.Kindheit: Ein minoritärer Status

Der heutige Status der Kinder in unserer Gesellschaft gilt als sehr prekär, da es sich um einen minoritären Status handelt. Das Wort „minoritär/Minorität" leitet sich von „Minderheit" ab.[2] Kinder befinden sich also in einer Minderheitsposition. Eine solche Stellung bringt es mit sich, keine Macht zu haben, nicht gehört bzw. ernst genommen zu werden und häufig auch jemand anderem unterstellt zu sein. Kinder sind ganz klar vor allem ihren Eltern unterstellt.[3] Desweiteren aber auch Lehrern, Erziehern, Betreuern, aufsichtspflichtigen Autoritäten, aber genauso auch Dingen wie der Schulpflicht, welche heute den Großteil des Lebens eines Kindes in Europa ausmacht. Dabei war es in der Geschichte nicht immer so, dass Kinder so wenig öffentlichen Anteil hatten. Vor bzw. auch in Zeiten der industriellen Revolution hatten Kinder das Recht, ja sogar die Verantwortung, arbeiten zu gehen und Geld zu verdienen, um zum Lebensunterhalt der Familie beizutragen oder eben auch nur sich selber zu versorgen. Keine Frage, den Kindern zu diesen Zeiten ging es gesundheitlich sehr schlecht und es wurde ihnen auch weniger Lohn gezahlt als Erwachsenen, sie waren eben nur „kleine Erwachsene". Es war ein hartes Leben und manchmal auch eher ein Kampf ums Überleben. Und dennoch hatten sie das eine was Kinder heute kaum noch haben: eine höhere Beteiligung an der Lebenswelt der Erwachsenen. Bekannt ist, dass es sich geschichtlich so entwickelte, dass die Regierung vor allem am gesunden, starken Erwachsensein interessiert war, um ein widerstandsfähiges Militär aufbauen zu können. Es zeigte sich, dass die frühe körperlich harte Arbeit und Ausbeutung schädlich für eine gesunde Entwicklung war. Somit wurden Kinder immer mehr aus dem Arbeitsleben und damit auch von ihren Beiträgen zum gesellschaftlichen Leben ausgeschlossen bis hin zum Verbot von Kinderarbeit. Als Grund hierfür stand vor allem die Entwicklung und Gesundheit der Kinder. Es entstand ein Schonraum für Kinder, der

---

[2] DUDEN 5 ; 9. Auflage
[3] Hengst, Zeiher; Kindheit soziologisch., Wiesbaden, 2005, S. 136; (Montadon 2001; Mayall 2001)

sie vor Ausbeutung und Überanstrengung schützen sollte. Als ersetzende Beschäftigung wurden die Lehre und der Unterricht gewählt. Die Erziehungsprogramme und der Unterricht sollten auf das Erwachsenenleben vorbereiten. Schließlich kam es zur Schulpflicht für die Kinder. Unterricht und Lehre wurden aber auch immer als ein Gut und Privileg geschätzt, worauf nun jedes Kind auch das Recht hatte. Dass Kinder in die Schulen verbannt wurden, eine sogenannte „Schoolarisierung" stattfand, wurde von der Gesellschaft übernommen, akzeptiert und als Sozialisation verstanden.[4] Hinzu kam die von Soziologie und Psychologie verbreitete Sichtweise, dass Kinder Noch-Nicht-Seiende wären und erst zu vollwertigen Bürgern gemacht werden. Kinder galten als nicht-verantwortlich, unreif, unfähig, schutzbedürftig und sie waren über Familie und Bildungsinstitutionen definierte Wesen. [5] Das Bild des Werdenden findet man gerade auch in der Entwicklungspsychologie häufig wieder. Für die Gesellschaft stand das „Well-Becoming", d.h. die Frage, wie aus einem Kind ein vollwertiger, guter Mitmensch wird, im Vordergrund statt des „Well-Being"(gegenwärtiges Wohlbefinden).[6] Die logische Schlussfolgerung ist, dass Kinder nicht als vollwertige Mitglieder der Gesellschaft wahrgenommen und somit auch nicht als solche behandelt wurden bzw. werden. Der Status der Kinder ist ein wenig vergleichbar mit dem damaligen der Frauen. Frauen waren lange Zeit unterdrückt von der dominanten sozialen Gruppe der Männer. Sie hatten ungefähr so viel zu sagen und wurden von den Männern so ernst genommen wie die Kinder heute von der Gesellschaft. Kinder und Frauen haben auch eine enge soziale Bindung, entstanden durch geschichtliche und soziale Prozesse, da die Frauen die Verantwortlichen für die Kinder waren. Dennoch gibt es den Unterschied, dass Frauen ihre Gleichstellungskämpfe selber führten. Für Kinder tun dies jedoch Erwachsene. Hier sind es meist Mütter, weil sie engen Kontakt zu den Kindern haben und ihre Interessen kennen. Sie haben jedoch selber keine starke

---

[4] Hengst, Zeiher; Kindheit soziologisch., Wiesbaden, 2005, S. 136

[5] Renate Kränzl-Nagl, Kindheitsforscherin am Europäischen Zentrum für Wohlfahrtspolitik und Sozialforschung, Wien, „Entwicklungen in der Kindheitsforschung"
http://www.kinderrechte.gv.at/home/im-fokus/kindheit---gesellschaft/kindheitsforschung/experten--innenstimme/content.html

[6] Renate Kränzl-Nagl, Kindheitsforscherin am Europäischen Zentrum für Wohlfahrtspolitik und Sozialforschung, Wien, „Entwicklungen in der Kindheitsforschung"
http://www.kinderrechte.gv.at/home/im-fokus/kindheit---gesellschaft/kindheitsforschung/experten--innenstimme/content.html

Gesellschaftsposition. Es schließt sich der Kreis und Kinder haben auch heute noch nicht viele Möglichkeiten mitzubestimmen und als Seiende Persönlichkeiten verstanden zu werden. Die Stellung der Kinder in der Gesellschaft ist also eng mit der Weiterentwicklung der Menschen- und Bürgerrechte verbunden.

Heute geht es bei der Frage des Status` der Kinder häufig um die Frage der Rechte der Kinder. „In den Debatten über die Rechte der Kinder ist entscheidend, in welcher Weise Erwachsene die Kinder als moralisch Handelnde verstehen."[7]

3.Moralisches Handeln bei Kindern

Im ersten Moment klingt es falsch und seltsam, dass Kinder moralische Urteile fällen könnten und dies auch noch gut. Kinder werden von Erwachsenen viel zu niedrig eingeschätzt. Das liegt unter anderem aber auch an der verbreiteten Vorstellung der Entwicklung eines Kindes. Es handelt sich um die Denkweise, dass Kinder in der Entwicklung verschiedene Stufen durchschreiten und in der einen Stufe das erlernen müssen, was es braucht um zur nächsten zu gelangen. Dabei gehen Erwachsene oft davon aus, dass es sich bei den niedrigen Stufen, also in jungen Jahren, auch um Belanglosigkeiten handelt und man das Kind nicht ernst nehmen kann. Dennoch, und dies kriegen häufig nur die Eltern bzw. die Familie mit, machen sich Kinder viele Gedanken und setzen sich mit Dingen auseinander, denken darüber nach und versuchen moralisch zu urteilen und bewerten. Selbst kleine Kinder diskutieren schon gerne mit ihren Eltern oder zeigen Engagement für Familienmitglieder. Laut Jerome Kagan seien Kinder ganz natürlich darauf vorbereitet, moralische Urteile zu fällen, da, wie er meint, die moralische Entwicklung auf Emotionen aufbaut.[8] Zugetraut wird moralisches Urteilen und Bewerten allerdings nur den Erwachsenen, weshalb die Kinder auch häufig erfahren müssen, dass sie in große Entscheidungsprozesse innerhalb der Familie, der Schule, der Stadt geschweige denn der Politik nicht eingebunden werden. Im Widerspruch dazu steht aber, dass die „Großen" erwarten und verlangen, dass Kinder angemessen und moralisch bedacht handeln. „In ihren

[7] Hengst, Zeiher; Kindheit soziologisch., Wiesbaden, 2005, S. 137
[8] Hengst, Zeiher; Kindheit soziologisch., Wiesbaden, 2005, S. 138

alltäglichen Interaktionen sind sie [die Kinder] mit moralischen Dilemmata konfrontiert, und sie schlagen sich damit herum. Ihre Erfahrungen und die Erwartungen, die Erwachsene an sie haben, klaffen auseinander."[9] Wie empfinden nun Kinder dies selbst?

In meiner Hauptquelle werden drei Lebensräume vorgestellt, in denen sich die jungen Menschen als moralisch Handelnde selbst erleben und berichten, wie sie wahrgenommen wurden. Die Berichte stammen aus Groß Britannien, aber bei genauerer Betrachtung kann gesagt werden, dass sie auf viele europäische Länder, insbesondere auch Deutschland, zutreffen.

3.1.Schule als Raum für moralisches Handeln

Zuvor wurde schon grob beschrieben wie es zur Schoolarisierung der Kindheit kam. Heute ist es für uns (in Europa) selbstverständlich und auch für die Kinder ganz normal zur Schule gehen zu müssen. Doch wenn nun die Kinder schon für den Großteil ihres Alltags in die Schule verbannt worden sind, dann sollte es uns darum gehen, ihnen dort eine gute Atmosphäre zu schaffen, in der sie sich akzeptiert, respektiert und wohl fühlen. Aber wie in so vielen Lebensbereichen müssen die Schüler auch hier erleben, dass wer Geld und Prestige besitzt viel eher anerkannt und respektiert wird. So berichtet Berry Mayall, dass staatliche Schulen, die Schüler und die dort erbrachten Leistungen kein hohes Ansehen ernten, ganz im Gegensatz zu den Privaten Elite Schulen.[10] Was die meisten Schulen wiederum gemeinsam haben, ist, dass sie versuchen, demokratisch aufzutreten und den Schülern Mitspracherecht geben wollen und es dennoch in den meisten Fällen scheitert. Ideen wie Schülerräte und Schülerversammlungen sind gut und richtig, jedoch geben sie den Schülern noch mehr das Gefühl nicht gehört zu werden, wenn sie sich versammeln, besprechen, abstimmen und dann doch nicht viel erreichen können, weil ihre Entscheidungen von den Lehrern und Leitern nicht einbezogen werden. Mehr und mehr wird dies verstanden und daran gearbeitet, die Schüler ernsthaft mit einzubeziehen. Ihr ausgeprägtes moralisches Handeln entdeckt man auch häufig zwischen den Schülern und Schülerinnen

---

[9] Zitat: Hengst, Zeiher; Kindheit soziologisch., Wiesbaden, 2005, S. 135

[10] Hengst, Zeiher; Kindheit soziologisch., Wiesbaden, 2005, S. 140

untereinander. Fernab von der Mutter oder großen Geschwistern oder anderen schützenden Personen sind sie auf sich allein gestellt und müssen Konflikte alleine lösen. Und genau an solchen Punkten wächst ihr moralischer Status. Kinder zeigen sich in solchen Situationen häufig sehr kompetent. Sie diskutieren, argumentieren, bedenken andere Sichtweisen und müssen eigene Entscheidungen treffen. Solche Situationen sind von Wissenschaftlern schwer zu erforschen, weil sie im Alltag der Kinder aus dem Moment heraus geboren werden und nicht öffentlich sind. Aus geführten Interviews mit Kindern wie sie Berry Mayall abbildet kann allerdings darauf geschlossen werden. Ein weiteres Dilemma, von denen die Schüler berichten, dass es sie belastet, sind die Erwartungen des Lehrers und der Schule an sie, ihren Schülern aber vor allem und in erster Linie ihrem Lehrer Respekt und Achtung entgegen zu bringen. Dies halten die Kinder für richtig und sinnvoll, sie sehen ein, dass es wichtig ist. Jedoch wünschen sie sich, dass diese Haltung auch wechselseitig ist. Nicht nur unter den Schülern sondern gerade auch zwischen dem Lehrer und den Schülern. In den Grundschulen, also den ersten paar Klassen, unterrichten meist Lehrerinnen. In ihnen sieht man Mütterlichkeit und Pädagogik gut vereint. Und sie pflegen auch häufig ein gutes Verhältnis zu ihren Schülern. In den höheren Klassen wird es dagegen schon viel unübersichtlicher. Die Lehrer geben vor allem Wissen weiter und das Zwischenmenschliche fällt dann häufig weg. Autoritätspersonen sind die Lehrer in jeder Klasse und die Erfahrung der Schüler zeigt, dass sie sich dem Lehrer moralisch untergeordnet fühlen. Respekt und Akzeptanz von Lehrerseite ist keinesfalls selbstverständlich und die Schüler wissen, dass es auf den Lehrer, seine Haltung und Launen ankommt. Es wird also Zeit, dass nicht immer nur von den Schülern Respekt und Achtung erwartet wird, sondern dass die Schüler das Gefühl und Wissen bekommen, selbiges auch zurückzubekommen. Was einen guten Lehrer ausmacht, davon haben eigentlich alle Schüler eine Vorstellung. Respekt und Fairness den Schülern gegenüber sind zwei wichtige Eigenschaften die sie sich von einem Lehrer wünschen.

3.2. Nachbarschaft als Raum für moralisches Handeln

Ähnlich verhält es sich im öffentlichen Raum und der Nachbarschaft für die Kinder. Erwartungen und Erfahrungen klaffen auch hier auseinander. Im öffentlichen Raum halten sich Kinder und Jugendliche vor allem während ihrer Freizeit auf. Erwachsene verstehen unter Freizeit Abstand nehmen vom Arbeitsstress und den Anforderungen die an sie gestellt werden und sich davon erholen. Für Kinder und Jugendliche ist es natürlich auch eine Art Gegenpol zu Schuldruck u. ä., sie üben Hobbies aus, gehen sogar einem Nebenjob nach. Dennoch ist „…Freizeit […] für Jugendliche aber auch die Zeit, in der sie sich der Kontrolle durch Eltern und pädagogische Institutionen entziehen können."[11] In diesen öffentlichen Räumen sind sie keiner Autoritätsperson untergeordnet und auf sich selbst gestellt. Sie fordern Erwachsene hiermit in gewisser Weise heraus, da in dem Moment keiner für sie verantwortlich ist und sie dennoch die Gefahr darstellen, durch ihre Unerfahrenheit sich oder andere zu gefährden bzw. sich nicht an gegebene Regeln zu halten. Dies erklärt vielleicht das Unbehagen Erwachsener, wenn Kinder und Jugendliche in Einkaufspassagen oder anderen öffentlichen Räumen in Gruppen zusammen „rumhängen". Solche Orte locken aber die jungen Menschen mit all ihren Reizen und dem was sie dort erleben können, zudem sind beispielsweise Einkaufspassagen warme und auch sichere Orte, da viele Menschen in der Nähe sind. Berry Mayall berichtet aber, dass von den befragten jungen Leuten in mittelenglischen Städten sich 70% unter der Aufsicht Erwachsener fühlen.[12] Hieraus könnte man schließen, dass Erwachsene, vielleicht auch nur unbewusst, immer doch ein Auge auf Kinder und Jugendliche werfen, um im Notfall einzugreifen. Und dann gibt es auch diejenigen Erwachsenen, die nicht damit umgehen können, dass diese jungen Menschen ihre Freiheit und deren Grenzen austesten und genießen. Somit wurden 44% von den Befragten schon einmal vertrieben worden, häufig mehr Jungen als Mädchen.[13] Fragt man nun Erwachsene wie sie erwarten von anderen in der Öffentlichkeit behandelt zu werden, will jeder respektiert werden und es wird erwartet sich an Regeln zu halten, beispielsweise sich an einer Verkaufsschlange hinten anzustellen oder warten bis man an der Reihe ist, mit dem Verkäufer zu sprechen. Kinder und Jugendliche kennen diese unausgesprochenen Regeln und wissen ganz genau, dass erwartet wird, dass sie sich mit Respekt daran halten. Sie wiederum wünschen sich aber auch, dass Erwachsene sich ihnen gegenüber auch an dieses Prinzip halten und sie genauso fair behandelt werden wie jeder im

---

[11] Zitat: Schäfers, Scherr; Jugendsoziologie – Einführung in Grundlagen und Theorien, Wiesbaden, 2005, S. 142
[12] Hengst, Zeiher; Kindheit soziologisch., Wiesbaden, 2005, S. 144
[13] Hengst, Zeiher; Kindheit soziologisch., Wiesbaden, 2005, S. 144

öffentlichen Raum. Diejenigen die dennoch am meisten in Sorge sind, sind die Eltern. Sei es um Sorge, dass den Kindern etwas zustoßen könnte, dass sie etwas anstellen könnten und die Eltern die Verantwortung haben oder, dass die Kinder anderen oder andere den Kindern zur Gefahr werden können. Trotzallem ist es den Kindern wichtig, sich alleine in Nachbarschaft und öffentlichen Räumen zu bewegen und Eltern akzeptieren dies meist mit zunehmendem Alter. Bei Jungen häufig früher als bei Mädchen und in einigen ethnischen Gruppen eher als in anderen.

3.3. Zuhause als Raum für moralisches Handeln

Zuhause bedeutet für jeden Menschen etwas anderes und ist sehr individuell gestaltet. Wenn wir von „zuhause" sprechen, handelt es sich hierbei um einen von der Gesellschaft geformten, sozialen Ort.[14] Das was Menschen auf der ganzen Welt mit diesem Ort verbinden ist nicht nur von Land zu Land sondern auch bei jedem einzelnen Menschen unterschiedlich. Für den einen ist es nur ein Ort, für den anderen die Geborgenheit im Kreise geliebter Menschen, manche verbinden grausame Erlebnisse oder eine nicht verarbeitete Vergangenheit damit, etwas was sie nie hatten oder andere wiederum das schönste was sie haben. Ganz gleich wie es nun ist, prägen tut es jeden Menschen. In manchen europäischen Ländern verbringen Kinder mehr Zeit „zuhause" als in anderen. So wird in der Hauptquelle von England berichtet, dass Kinder häufig bis zum 10. Lebensjahr die meiste Zeit zuhause oder in nächster Umgebung verbringen. Erwähnt wird, dass Kinder in Finnland dagegen von Anfang an nie ein Grund für die Mütter sind, zu arbeiten aufzuhören. Je nach Staat und Politik wird also auch geprägt, wie die Kinder leben und ihren Alltag gestalten. Dennoch ist in fast allen Ländern dieser Welt die Ansicht vertreten, dass Kinder als verletzlich gelten und der Aufsicht von Erwachsenen bedürfen, ob nun durch die eigenen Eltern, Verwandten, Kindergartenbetreuer, Lehrer oder andere. Kinder erfahren ihren eigenen Status erstmals in der Familie bzw. dem Zuhause. Da Kinder von Erwachsenen betreut werden gibt es demnach immer zwei soziale Gruppen: die Kinder und die Erwachsenen. Kinder wissen und akzeptieren, dass sie Erwachsenen gegenüber Gehorsam zeigen und ihrer Autorität unterstellt sind. Verwurzelt ist dies in der Abhängigkeit der Kinder den Erwachsenen gegenüber. Dennoch dürfen wir heutzutage

---

[14] Vgl. Hengst, Zeiher; Kindheit soziologisch., Wiesbaden, 2005, S. 146

schon erleben, dass Kinder das Familienleben mitgestalten dürfen, mitbestimmen können und einbezogen werden. Partizipation fängt also in der Familie an. Hierdurch erleben Kinder nicht nur ihre eigene Abhängigkeit, sondern eine wechselseitige Abhängigkeit zwischen den Familienmitgliedern mit einhergehender Verantwortlichkeit füreinander. Dies wird von ihnen sehr hochgeschätzt, weil es ein faires Geben und Nehmen zwischen den Generationen ist. Dies wiederum wertet den Status des Kindes in der Familie schon enorm auf. Kinder haben dann wiederum Unverständnis dafür, dass sie für manche Dinge noch zu klein seien oder außen vorgelassen werden, weil ihnen etwas noch nicht zugetraut wird und sie im anderen Moment aber alt genug und verantwortlich sind für bestimmte Aufgaben. Hierüber bestimmen wiederum die Erwachsenen. Trotz diesem Dilemma dem sich die Kinder desweilen in familiären Situationen gegenüber sehen, gelten das Zuhause und die Familie als Ort, an dem Kinder erstmals ihren eigenen Status erleben.

4. Der soziale Status der Kinder

Wie sie ihren Status erleben, dass können nur die Kinder selber berichten. Es nützt nicht sie so viel wie möglich zu beobachten, wenn man nicht ins Gespräch mit ihnen kommt. So zeigt sich in ebensolchen, dass sie fähig und willens sind die Ansichten anderer Leute ernst zu nehmen und darüber nachzudenken. Sie können eigene Interessen zurückstellen um anderen zu helfen und sind zudem bereit ihre Meinungen und auch ihr Verhalten verantwortungsbewusst zu ändern. Studien solcher Art, in denen nicht nur beobachtet, bewertet und analysiert wird, sondern auch mit den jungen Menschen geredet und ihnen zugehört wird sind erst in naher Vergangenheit häufiger geworden. Lange Zeit hat man nichts darauf gegeben was Kinder zu sagen haben. Erwachsene gehen ohnehin davon aus, dass sie ihre Kinder gerecht und heutzutage auch demokratisch behandeln. Dass das was die Kinder erleben und empfinden ganz anders aussehen könnte, als sich die Welt der Erwachsenen es sich vorstellt, ist häufig undenkbar. Dabei kommen so viele interessante Aspekte und Denkanstöße zum Vorschein, wenn Kinder anfangen über ihre eigene Position zu sprechen. Es kann auch die eine oder andere unangenehme Sache dabei sein, weil die Aussagen und Gedanken der jungen Generation die ältere häufig zum nach- und überdenken zwingt. Dennoch weisen solche Interviews und Gespräche mit jungen Menschen fast immer auf deren moralisches Handeln hin und zeigt auf, wie viele Gedanken sich auch die Kinder machen. Denn so viel Autonomie sie sich auch wünschen, genauso ist ihnen Abhängigkeit und Hinwendung zur und innerhalb der Familie wichtig und sie können das eine vom anderen unterscheiden. Da ihr Handlungsvermögen denjenigen, die die Ideologien der Kindheit bearbeiten, häufig verborgen bleibt, ist es umso wichtiger die Zusammenarbeit mit Kindern zu fördern und sie zu Wort kommen zu lassen. Kinder sind mit das höchste Gut was die Gesellschaft hat. Es sollte wichtiger werden, diese Kinder zu fördern, mit einzubeziehen, mitreden zu lassen, zu respektieren und akzeptieren. Wie wichtig die Kinder der Gesellschaft sind spiegelt sich schon darin wieder, wie viel wert wir ihre Betreuung schätzen. Das Gehalt einer Erzieherin ist immer noch sehr gering im Gegensatz zu anderen Berufen.[15] Es wird häufig noch grimmig und genervt geschaut wenn sich Kinder in öffentlichen Räumen aufhalten und die Ruhe stören, immer noch gibt es Erwachsene, die denken, dass ihre Rechte über denen der Kinder stehen. Und dennoch sind Länder wie Groß Britannien und Deutschland schon sehr um die jungen Leute bemüht, orientiert am Beispiel der skandinavischen Länder. In den letzten Jahren ist familienpolitisch so einiges ins Rollen gekommen. So wurden beispielsweise die Rechte der Kinder öffentlich thematisiert und auf internationaler Ebene anerkannt. Es gilt nun, die Umsetzung und Beachtung dieser zu wahren.

5. Fazit und Ausblick

Diskussionen darüber, was das richtige für die Kinder sei, wird es weiterhin immer geben. Es gibt Sichtweisen, wie beispielsweise die des Historikers Philippe Ariès[16], bei denen man davon spricht, dass Kinder aus der Welt der Erwachsenen ausgeschlossen werden. Auf den ersten Blick stimmt das auch. Früher wurden Kinder als kleine Erwachsene behandelt und mussten unter den harten Bedingungen der

---

[15] http://www.nettolohn.de/top50/beruf-daten.html
(letzter Zugriff: 19.September 2012, 16:11 Uhr)
[16] http://portal.herder-gymnasium-minden.de/cms/index2.php?option=com_content&do_pdf=1&id=241 und
http://de.wikipedia.org/wiki/Philippe_Ari%C3%A8s
(letzter Zugriffauf beide Links: 20. September 2012, 11:25 Uhr)

Erwachsenenwelt leben und zurechtkommen, haben aber auch vom gesellschaftlichen Geschehen alles mitbekommen. Seit der Neuzeit sind Kinder allerdings in die Schulen und Familien verbannt worden. Spezielle Rechte für Kinder gab es lange Zeit nicht. Dieser Stellungnahme steht der Gedanke des Kinderschutzes gegenüber. Familie und Schule bilden für Kinder einen sogenannten Schonraum. Die jungen Menschen sollen vor Leid, Gewalt und Unterdrückung Schutz erhalten, indem sie aus dem öffentlichen Leben so gut wie möglich rausgehalten werden. Beide Gedanken sind logisch und nachvollziehbar. Diejenigen die sich für die junge Generation einsetzen ringen immer mit sich und wollen richtige Entscheidungen für die Kinder treffen. Dennoch sind die antreibenden Gedanken oft noch davon geprägt, wie man die Umstände und die Umwelt positiv gestalten kann, damit sich die Kinder gut entwickeln können und zu starken Persönlichkeiten heranwachsen können. Dies macht auch Sinn. Kinder entwickeln sich immer weiter und sie sollen dafür auch die bestmöglichen Bedingungen haben. Und dennoch muss bedacht werden, dass sie nicht erst etwas werden, sondern sie schon längst *sind.* „Aus kindheitssoziologischer Sicht stellt Kindheit eine menschliche Seinsweise in einer bestimmten Lebensaltersphase dar, wobei dieses soziale Kindsein in die Entwicklungen der Gesellschaft eingebunden ist."[17] Durch die Veränderungen der Gesellschaft also ändert sich auch immer wieder der Status der Kinder. Kindheit ist ein sich entwickelnder Prozess. Heute wird immer mehr erkannt, dass Kinder durch ihr eigenes Nach- und Mitdenken eine eigene Meinung entwickeln und fähig sind moralisch zu handeln. Hier ist es schön zu sehen, dass Kinder durch die Eltern und auch anderen Erwachsenen ihrer Lebenswelt in Aktionen mit einbezogen werden. Dennoch wissen viele Kinder noch gar nicht, dass sie Rechte haben und diese auch einfordern dürfen und sollen. Es ist wichtig, dass Kinder davon hören und wissen, dass ihre Stellung in der Gesellschaft auch dadurch schon erheblich aufgewertet wird. Schon der polnische Kinderarzt Janusz Korczak (1878-1942) fragte

---

[17] Zitat: Renate Kränzl-Nagl, Kindheitsforscherin am Europäischen Zentrum für Wohlfahrtspolitik und Sozialforschung, Wien, „Entwicklungen in der Kindheitsforschung"
http://www.kinderrechte.gv.at/home/im-fokus/kindheit---gesellschaft/kindheitsforschung/experten--innenstimme/content.html

sich: „Wann wird jener glückliche Augenblick kommen, da das Leben der Erwachsenen und das der Kinder gleichwertig nebeneinander stehen werden?"[18]

Kindheit auf dem europäischen Kontinent gestaltet sich ganz anders im Gegensatz zu Dritte Welt Ländern. Viele Kinder in Deutschland haben beispielsweise mit den belastenden sozialen Bedingungen in der Gesellschaft zu kämpfen, während Kinder in den Slums dieser Welt darum bangen müssen, dass Recht arbeiten gehen zu dürfen und damit ihr Überleben zu sichern, zu verlieren. Probleme und Schwierigkeiten für Kinder hat es immer gegeben und die wird es auch weiterhin mal mehr, mal weniger geben. Fakt ist jedenfalls, dass sich politisch für die Kinder in den letzten Jahren einiges getan hat. Wie anfangs erwähnt, hängt die Stellung des Kindes in unserer Gesellschaft eng mit der Weiterentwicklung der Menschen- und Bürgerrechte zusammen. Man kann also über den damaligen Status der Kindheit reden, über die heutige Position der Kinder und es bleibt abzuwarten wie sich dieser in den nächsten Jahrzehnten entwickeln wird. Kindheit ist ein soziales Phänomen, das stark durch gesellschaftliche Prozesse und den Hauptakteuren, den Kindern, beeinflusst und konstruiert wird und sich immer wieder neu entwickelt.

---

[18] Klein, Pädagogik der Achtung, S. 467 (Quelle: Bröcher; Schule, Unterricht und Sozialpädagogik bei herausforderndem Verhalten, Teil II, 2011, Norderstedt)

<h1 style="text-align:center"><u>6. Quellen</u></h1>

-   Hengst, H.; Zeiher, H. (Hrsg.): Kindheit soziologisch. ; Wiesbaden, 2005; S. 135-161

-   Sabine Andresen, Andreas Hurrelmann: Kindheit, 2010, Beltz Verlag

-    Renate Kränzl-Nagl, Kindheitsforscherin am Europäischen Zentrum für Wohlfahrtspolitik und
    Sozialforschung, Wien, „Entwicklungen in der Kindheitsforschung"
    http://www.kinderrechte.gv.at/home/im-fokus/kindheit---
    gesellschaft/kindheitsforschung/experten--innenstimme/content.html

-   http://www.wirtschaftslexikon24.net/d/sozialer-status/sozialer-status.htm

-   http://de.wikipedia.org/wiki/Sozialer_Status

-   http://www.nettolohn.de/top50/beruf-daten.html

-   http://portal.herder-gymnasium-
    minden.de/cms/index2.php?option=com_content&do_pdf=1&id=241

-   http://de.wikipedia.org/wiki/Philippe_Ari%C3%A8s

(Letzter Zugriff auf alle Hyperlinks: 20. September 2012, 13:00 Uhr)